Merci à Pascale Chaput,
Catherine Draperi,
Sylvie Mosser,
Béatrice et Gérard Barras.

Rendre possible un autre monde

Économie sociale et développement durable

Du même auteur :

La coopérative, une autre façon d'entreprendre, en collaboration avec P. Rolland, A.Hyver, G.Bousquet, Scopedit, 2001, 80 p.

Les 20 formes juridiques de l'entreprise, éd. du Puits Fleuri, 2002, 300 p.

Les coopératives entre territoires et mondialisation, coordination en collaboration avec J.-M. Touzard, L'Harmattan, 2003, 391 p.

Les entreprises coopératives, GNC/OCCE, 2007 (3ème éd.) (1ère éd 2005), 46 p.

L'économie sociale. Utopie, Pratiques, Principes, Presses de l'économie sociale, 2010 (10ème éd.) (1ère éd. 2005), 125 p.

L'économie sociale de A à Z, coordination en collaboration avec P. Frémeaux, Alternatives Economiques, 2009, 2ème éd. [1ère éd. 2006], 232 p.

Comprendre l'économie sociale, Fondements et enjeux, Dunod, 2007, 264 p.

Godin, inventeur de l'économie sociale, REPAS, 2008, 192 p.

Défis coopératifs. Alimentation, crédit, démocratie, développement, coordination, éd. L'Harmattan, 2008, 527 p.

La participation en économie sociale et en travail social, coordination en collaboration avec B. Bouquet et M. Jaeger, Dunod, 2009, 277 p.

L'économie sociale et solidaire : une alternative à redécouvrir en temps de crise, coordination, Dunod, 2009, 308 p.

Reconnaissance de parcours Se former à l'autobiographie raisonnée, Presses de l'économie sociale, à paraître 2010

Rendre possible un autre monde

Économie sociale et développement durable

Jean-François Draperi

Quatrième édition
revue et augmentée

Presses de l'Économie Sociale
37, avenue Pasteur - 93 100 MONTREUIL

Passons de l'utopie rêvée à l'action!

Ce petit livre présente une démarche associant une réflexion sur le sens de la vie en société et des pratiques de changement économique et social. Il questionne la finalité de l'économie, invite à subordonner la logique du profit aux besoins humains. Proposant de replacer la personne au cœur de l'économie, il présente des expériences remarquables d'entreprises, de développement local et durable, d'associations, de modes de consommation qui dévoilent l'existence, certes limitée mais néanmoins réelle, d'un autre monde, d'une autre façon de vivre les relations entre le travail et la vie personnelle.

Après avoir exposé la multiplicité des formes d'entreprises, l'ouvrage montre que l'écart croissant entre, d'une part, les valeurs poursuivies par une économie capitaliste débridée et, d'autre part, les valeurs de la République et de la société civile, est préjudiciable à l'expression des hommes et des femmes et conduit à terme la société à se nier elle-même.

Rappelant l'existence d'expériences alternatives aussi bien Afrique, en Amérique du Sud qu'en Asie et en Europe, il dégage, à partir d'exemples, les principes d'une économie sociale. Il souligne que rendre possible un autre monde exige de passer de la contestation de l'économie dominante à la construction d'une économie alternative.

1. « Changer le monde » : certes, mais pourquoi ?

Sans doute avant de se tourner vers les voies du changement doit-on se demander pourquoi vouloir changer les choses ? Cette question paraît inutile. Pourtant, les sociétés humaines se sont longtemps succédé à elles-mêmes en ne cherchant qu'à reproduire le passé. Le respect de la tradition, la reproduction des rites, l'imitation des anciens étaient la règle. Ces sociétés traditionnelles étaient-elles plus égalitaires que la nôtre ? Certaines l'étaient sans doute, mais on sait également que la majorité de ces sociétés étaient fortement hiérarchisées et entretenaient des inégalités entre âges, entre sexes et entre castes. La conscience de ces inégalités était cependant inexistante, si bien que la question de leur résolution ne se posait pas. Ces sociétés « holistes »(1) ne conçoivent pas l'existence de l'individu indépendamment de l'organisation sociale qui lui préexiste. Notre société moderne se distingue des sociétés holistes par l'émergence en son sein du questionnement sur la place et le rôle de l'individu.

La devise républicaine traduit l'unité des

(1) Le terme de holisme renvoie à celui de totalité. La société conçue comme un tout est dite holiste. On oppose ainsi sociétés holistes et sociétés individualistes.

valeurs qui donnent naissance à la société moderne : la Liberté (de la personne) ne peut se concevoir sans l'Égalité de droit entre les hommes, et celle-ci ne peut exister sans que s'exerce la Fraternité. Dès lors que l'individu a droit de cité, la question des inégalités entre individus se pose d'emblée. Or, les inégalités entre les personnes contredisent le fondement égalitaire de la société moderne. Elles sont tellement nombreuses et profondes qu'on a peine à les imaginer : face à l'espérance de vie, face à la santé, face aux handicaps, face à l'éducation, face au travail, face à l'argent, face au pouvoir d'agir sur sa vie…

Nous les percevons quotidiennement dans nos villages, nos villes, nos quartiers. Nous les percevons, plus grandes encore mais de façon plus occasionnelle, à l'échelle d'un pays ou du monde, au détour d'une information… Mais peut-on supporter toute une vie de subir des inégalités injustifiées ? Et quand on ne les subit pas, peut-on vivre tout à fait sereinement en les observant, voire en participant à leur reproduction ? Et peut-on à tout instant s'interroger sur le sens de nos actes les plus élémentaires sans vivre dans une indécision permanente ? Peut-on consommer des aliments ou acheter des habits et se demander d'où ils viennent, comment ils ont été produits, qui est à l'autre bout de la chaîne, comment vit cet autre ?

Mais, inversement, peut-on vivre paisiblement en ne posant pas ces questions, dès lors que nous disposons de la capacité de choisir ? Comment guider nos choix ? Sur quelles valeurs ? À quoi bon nous interroger sur les valeurs qui fondent nos engagements sociaux, si nous ne tenons pas compte de ces valeurs dans le choix de nos achats, comme dans celui de nos relations ?

Un certain mal-être est ainsi partagé par celles et ceux qui éprouvent l'injustice de l'inégalité. Ce mal-être prend la forme de souffrances lorsqu'il concerne le rapport au travail, ce travail qui exclut quand on en manque et fréquemment aliène quand on l'obtient : paupérisation dans un cas, maladies « du travail » – musculo-squelettiques et stress en particulier – dans l'autre. Situations insatisfaisantes et souvent déprimantes dans les deux cas. Le travail peut également être source d'épanouissement. Celui-ci peut même être sa principale raison d'être, ainsi qu'en témoigne la réalisation d'activités choisies ou concertées et exercées avec plaisir.

Une autre raison incite à une réflexion sur la

nécessité du changement : alors qu'en respectant les us et coutumes des anciens, les sociétés traditionnelles sauvegardaient le monde « en l'état », la société moderne, obsédée par la croissance et la consommation, s'avère incapable de maîtriser son impact sur la nature. Notre vie fourmille d'exemples témoignant que notre société peut détruire l'essentiel pour accéder au superflu. Notre société est-elle capable d'éviter ce processus qui, à terme, la met elle-même en péril ? Les débats sur les inégalités et sur la souffrance pourraient ainsi être dramatiquement abrégés si nous ne nous montrions pas capables de sauvegarder la planète.

Qu'on aborde le changement social à partir du problème des inégalités, de celui de la souffrance ou de celui du maintien de la vie, on met en question l'actuelle relation entre la société et son économie. Les inégalités comme la destruction de la planète résultent d'une perte de sens liée à la façon dont l'économie est exercée. Cette réflexion n'oppose pas nécessairement l'être (qui serait social) et l'avoir (qui serait économique), comme on l'entend souvent, car nous avons et nous sommes simultanément. Il nous faut donc considérer l'avoir du point de vue de l'être, et inversement, l'être du point de vue de l'avoir. Du point de vue de l'avoir, nous avons tout ce que nous sommes. Du point de vue de l'être, nous ne sommes que ce que nous avons choisi d'avoir, et non tout ce que nous avons, parce que nous avons aussi par nécessité.

Selon A. Sen, il est difficile de croire « *que de vraies personnes*[2] *pourraient être complètement hors d'atteinte de la réflexion que suscite la question socratique "Comment doit-on vivre ?"* » (Sen, A., 1993). Est-ce une utopie de concevoir une économie qui ne soit pas anti-sociale ? Une économie sociale est bien une utopie dans le sens où elle constitue « *un projet imaginaire de société alternative* » selon les termes d'Henri Desroche. Le terme peut paraître (trop) ambitieux pour des projets fréquemment modestes et ciblés – s'associer pour consommer autrement, travailler en coopérative, s'unir pour prévenir des risques, échanger de façon équitable, etc. –, mais il ne l'est pas dans la mesure où la somme de ces actions modestes et ciblées est susceptible de changer les relations entre la production et la consommation, entre l'économie et la santé, entre la société et l'échange. Fréquemment, ces actions modestes et ciblées sont le support d'un projet

(2) A. Sen considère que l'économie moderne définit la motivation humaine en des termes extrêmement étroits de 'positivisme rudimentaire' et ne répond pas aux attentes des êtres réels.

de changement social qui les dépasse et qui leur donne sens. L'association, la petite coopérative, le groupe solidaire, le débat entre amis, etc., sont autant d'amorces d'un changement global, imaginé, projeté, approché, déjà en train d'être vécu… Toutefois, pour donner une consistance à ce projet de changement social, pour qu'il prenne la forme d'une utopie alternative, il faut concevoir son économie.

2. Changer les règles économiques

Nous vivons dans une société respectant plusieurs formes d'entreprises et d'économie, quatre formes principales : marchande ou privée, capitaliste, publique et d'économie sociale. Mais l'une d'entre elles – l'économie capitaliste – domine les autres.

Pour comprendre cette multiplicité des formes économiques, il est nécessaire d'étudier l'histoire économique. Jusqu'au XVIIIe siècle, l'autoconsommation est largement dominante dans le monde, y compris en Europe. Mais depuis plusieurs siècles déjà, l'échange marchand existe, définissant une activité économique détachée de la vie matérielle. C'est le lieu de la petite entreprise, personnelle ou encore privée, qui est par excellence celle de l'économie de marché, celle des *« échanges quotidiens »* ou *« à faible distance »*, et même *« à plus large rayon »* lorsqu'ils sont *« réguliers, prévisibles »* et *« ouverts aux petits comme aux grands marchands, (…) transparents »*. (Braudel F., 1988 p. 55).

Les artisans itinérants, les colporteurs, puis les marchés et les foires, enfin le commerçant tenant boutique réalisent cette activité d'échange et font naître et prospérer l'économie de marché siècle après siècle de l'âge antique à l'âge moderne.

Une autre étape est franchie quand apparaît le commerce opéré sur de grandes distances, qui définit ce que les historiens anglais ont appelé le *private market*. Il est signalé dès avant le XVe siècle et il s'affranchit des règles du marché local. *« Le Fernhandel opère sur des distances qui mettent le commerçant à l'abri des surveillances ordinaires ou lui permettent de les tourner (…). De ces gros bénéfices dérivent des accumulations de capitaux considérables, d'autant plus que le commerce au loin se partage entre quelques mains seulement »*. Ainsi se détache de la masse des marchands un groupe de gros négociants capitalistes, qui rompt la relation directe entre le producteur et le consommateur final. Ces négociants capitalistes changent d'activités en rapport avec le profit réalisable. Leur activité s'oriente en fonction de la rémunération des capitaux qu'ils placent. Fernand Braudel oppose l'ancien échange marchand – concurrentiel et transparent – au capitalisme – sophistiqué et dominant – qui naît du détournement des règles marchandes.

La tendance au monopole est ainsi au fondement du capitalisme : alors que l'économie de marché est compréhensible aussi bien par le producteur que par le consommateur, alors qu'elle est ouverte à de nouveaux marchands potentiels – parce que fondée sur l'échange –, l'économie capitaliste est opaque – ni le producteur, ni le consommateur ne connaît l'autre bout de la chaîne d'échange –, et elle est fermée à la concurrence – parce qu'elle se fonde sur l'accumulation de capitaux considérables que les autres ne peuvent réunir.

Ces deux types d'économie sont aujourd'hui encore très présentes et opposables dans leur fonctionnement. La majorité des entreprises en France comme dans le monde sont des entreprises marchandes et privées. Ces entreprises privées appartiennent à une personne ou à quelques personnes réunissant un capital, qui n'est ici rien d'autre qu'un outil de travail, pour créer une activité économique. Le responsable est souvent « à son compte ». C'est le cas de la majorité des artisans et des exploitants agricoles.

L'économie contemporaine est cependant dominée par l'économie capitaliste qui tend à imposer ses normes aux autres formes. Cette économie est organisée sur la base de sociétés anonymes de capitaux, au sein desquelles le pouvoir est en proportion de la part de capital détenu. Le pouvoir sur l'économie, sur la production, sur son orientation, son organisation, la répartition du bénéfice, les salaires, etc., s'exerce en relation avec la possession d'une part de capital. Conjointement, la finalité des sociétés de capitaux est de rémunérer les capitaux placés. C'est le résultat financier qui prime, aussi y est on très attentif à l'efficacité économique, et généralement à court terme, de l'entreprise. Cette économie capitaliste tend à imposer ses règles aux autres formes économiques, c'est-à-dire à l'économie marchande, mais également à l'économie publique et à l'économie sociale. Chaque type d'entreprise privée, publique et d'économie sociale définit néanmoins une façon de concevoir et de faire de l'économie : chaque type a sa propre finalité et ses propres modes de fonctionnement.(3)

L'économie publique est également très ancienne : l'État est toujours intervenu dans le domaine économique, se réservant même de larges parts de la production et de l'échange, ainsi qu'en témoignent par exemple les manufactures royales ou la création de la monnaie. Les révolutions politiques aux XIe et au XVIIe siècles, puis la domination du capitalisme au XIXe siècle ont généralement réduit le rôle des États dans l'économie moderne. Simultanément, elles ont suscité de nouvelles réflexions et actions politiques allant jusqu'à faire de l'État le principal acteur économique, comme ce fut le cas en Union soviétique. En Europe occidentale, la conception de l'État providence et la définition large de l'intérêt général ont fondé, après la Seconde Guerre mondiale, une économie publique puissante qui est aujourd'hui profondément attaquée par l'économie capitaliste et l'idéologie ultralibérale. Cette économie s'appuie sur l'entreprise publique, détenue par la collectivité nationale qui l'organise et la gère en fonction de l'intérêt

(3) Ce passage reprend J.-F. Draperi, Fiches pour un enseignement sur l'entreprise coopérative à l'usage des professeurs d'économie de 2nde, OCCE, avril 2004.

général. Dans les États républicains, le pouvoir appartient aux élus de la nation ou à leurs représentants, et le fonctionnement de l'entreprise repose sur une organisation administrative.

La domination de l'économie capitaliste sur l'ensemble de l'économie a suscité plusieurs formes de contestations. L'une d'entre elles est passée par la conception et l'essor d'entreprises d'origine privée visant la réalisation d'un service commun : d'économie sociale, l'entreprise est un groupement de personnes associées autour d'un projet. Ces personnes associées acquièrent des moyens économiques et financiers pour réaliser un projet commun. La finalité de l'entreprise d'économie sociale n'est pas de maximiser le profit, mais de répondre aux aspirations partagées par plusieurs personnes. Au sein de ce groupement de personnes, le pouvoir est exercé démocratiquement. Dans l'entreprise d'économie sociale, les mêmes personnes sont acteurs (faisant l'économie) et sociétaires (partageant le pouvoir politique). On nomme cette particularité « la double qualité ».

L'entreprise d'économie sociale ne résout pas forcément la question centrale du rapport salarial : les salariés sont sociétaires dans les seules coopératives de travail. Ils ne le sont pas dans les autres formes de coopératives, ni dans les mutuelles et dans les associations, ou lorsqu'ils le sont dans ces dernières formes d'entreprises, ce n'est pas en tant que salariés, mais en temps qu'usagers (ou « consommateurs » ou « clients »). L'économie sociale ne résout le rapport salarial qu'à la condition de dépasser la finalité de service à ses seuls membres. Elle y parvient en développant des relations intercoopératives ou intermutualistes et en prenant en considération l'intérêt général. Essentiel, le statut juridique ne suffit cependant pas : il est toujours questionné par les pratiques d'entreprises. Les valeurs et les principes de l'économie sociale constituent toujours un référent pour évaluer les entreprises d'économie sociale. Inversement, cette attention aux valeurs et aux principes n'a de sens que dans le cadre des statuts coopératifs, mutualistes et associatifs, qui seuls offrent la double qualité.

Dans les sociétés de capitaux, les actifs – qu'ils soient salariés ou clients – abandonnent le pouvoir politique aux porteurs de parts de capital. Alors que ceux-ci exercent le pouvoir politique, en vue de rémunérer au mieux leurs placements, l'objectif des actifs est en premier lieu l'obtention d'un bon contrat de travail – durée, conditions de travail, salaire, horaires... – lorsqu'ils sont salariés, ou d'obtenir les prix les plus bas sans considérer les conditions de production lorsqu'ils sont clients consommateurs. Dans ce type d'entreprise, les directeurs salariés sont souvent « entre le marteau et l'enclume », subissant la pression des administrateurs actionnaires et animant des équipes de salariés. Au cours des dernières années, la logique dite de la gouvernance s'est traduite par l'accentuation de la pression des actionnaires sur les dirigeants. Cette pression indique une subordination croissante de la logique de production à la logique financière. Cette dissociation entre le travail et le pouvoir politique dans l'entreprise n'exclut pas nécessairement la possibilité d'un épanouissement dans le travail, même si elle en réduit les chances. Elle traduit une inégalité de principe que l'action syndicale – que celle-ci émane de syndicats de salariés ou de syndicats de consommateurs – ne résout pas, et qui se manifeste dans l'entreprise et dans l'ensemble des rapports sociaux. Parce qu'elle s'inscrit dans le droit, cette dissociation « fausse les cartes » et la meilleure volonté appliquée à la négociation entre les deux ensembles de classes sociales ainsi constituées ne peut suffire à la dépasser. Sous cet angle, la société de capitaux est ainsi la principale tentative d'autonomisation ou de « désencastrement » du pouvoir économique vis-à-vis de la société civile et politique.[4] Anonyme et à responsabilité limitée, elle n'engage pas la personne : le risque s'applique aux capitaux et non aux personnes qui les possèdent et les échangent entre eux librement.

L'entreprise d'économie sociale renoue le lien entre les actifs et le capital. Elle réunit en association des personnes volontaires, chacune disposant d'une voix et d'une seule dans la prise de décision, indépendamment des différences d'investissement financier. Le bénéfice réalisé n'est pas considéré comme un profit, mais comme un excédent de gestion sur lequel l'entreprise constitue des réserves impartageables et inaliénables.

En établissant la « double qualité » d'associés (ou sociétaires) et d'actifs (ou acteurs), l'économie sociale réunifie deux sphères que la société moderne a fait éclater, la politique et l'économie. Elle les réunifie en transposant les principes politiques de la devise républicaine dans la sphère

(4) On peut bien sûr imaginer des sociétés de capitaux détenues par leurs salariés, mais le principe de la propriété capitaliste de l'entreprise demeure et la logique de la rémunération du capital également. Seule la coopérative garantit la subordination de la rémunération du capital à l'activité.

économique. Elle traduit Liberté par Volontariat (engagement volontaire), Égalité par Démocratie (une personne, une voix) et Fraternité par Solidarité (les membres sont solidaires entre eux).

Les finalités des quatre types d'entreprises – capitaliste, personnelle, publique et d'économie sociale – ne mettent pas en jeu les mêmes valeurs. Si les groupements de personnes ne sont pas contradictoires avec l'économie marchande (privée) ou avec l'économie publique qu'ils complètent plus qu'ils ne la concurrencent, ils contestent les fondements des sociétés de capitaux.

3. Une utopie non violente, radicale et praticable

Le capitalisme a suscité tout au long de son histoire des mouvements de contestation. Parmi ceux-ci, le mouvement inspiré par l'œuvre de Marx a été dominant au cours du XXe siècle. Mais il en est un autre, largement méconnu, qui puise dans les expériences sociales contestataires prémarxistes – comme le courant associationniste de 1848 – et dans les œuvres de penseurs utopistes – comme Fourier, Owen,

King, Saint-Simon ou Proudhon – et qui s'est poursuivi jusqu'aujourd'hui.

Marx et Engels ont repoussé dans les limbes de l'histoire ces mouvements et ces auteurs, en les qualifiant d'utopistes. Ce qui différencie fondamentalement les mouvements marxistes et les mouvements associationnistes ou coopératifs est ailleurs : c'est le rapport à la violence. Les marxistes retournent la violence capitaliste dans l'entreprise capitaliste. Les acteurs d'économie sociale détournent la violence capitaliste par la mise en œuvre d'une entreprise alternative.

Cette thèse de l'attachement à la non-violence peut surprendre. La recherche de voies non violentes du changement social est pourtant la seule revendication commune à tous les grands acteurs et penseurs de l'économie sociale. De fait, pour fonder et animer une association, une coopérative, une mutuelle, il est nécessaire de s'entendre, s'écouter, rechercher une voie commune, bref d'avoir des relations pacifiées qui dépassent les oppositions, y compris les oppositions de classes.

Ce n'est donc ni le caractère socialiste ni le caractère utopique qui spécifie les acteurs d'économie sociale, mais la démarche qui les fait accéder à leur utopie. La démarche d'économie sociale s'apparente à la méthode expérimentale. D'une part, elle ne disjoint pas théorie interprétative et pratiques sociales, qui sont les deux versants du même mouvement : l'économie sociale est vécue comme une expérimentation ; d'autre part, elle pense simultanément le but et les moyens de parvenir à ce but. L'un des corollaires de cette unité est qu'une société démocratique doit être conquise par une lutte démocratique. De ce point de vue, le prolétariat occidental et le patronat constituent certes deux unités antagoniques, mais au sein d'un même système : ils s'opposent au moyen d'un langage commun et s'accordent sur la nature de leur opposition, qui exclut simultanément ceux qui ne partagent pas ce langage et cette opposition. Cette violence fondatrice de la pensée marxiste a pris forme dans la société soviétique où accèdent au pouvoir ceux qui résistent le mieux à la violence et savent l'utiliser. Cette postérité de l'œuvre de Marx nous incite à ne pas négliger l'hypothèse d'une continuité autour de l'attachement à la violence considérée comme indépassable, entre la conception de la révolution de Marx que Proudhon considère comme dépassée dès 1846, et dont Jean Jaurès disait qu'elle était « surannée », la politique de Lénine – dont la violence, écrivait Marcel Mauss dès 1922, constitue « la stupidité essentielle » et la principale cause de l'échec du bolchevisme (Mauss M., 1997, p. 522) –, et le totalitarisme de Staline.

Ceci ne porte pas atteinte à l'analyse théorique de Marx dont la puissance continue d'éclairer de nombreux problèmes de la société occidentale. Ceci ne porte pas atteinte non plus à la solidarité à laquelle s'est attaché le mouvement ouvrier dans ses luttes. Mais l'utopie selon laquelle la classe ouvrière était porteuse d'une mission historique, mission qui passait par l'anéantissement des autres classes, cette utopie fut illusoire et dévastatrice, provoquant la guerre civile en même temps que la révolution.

L'attachement à une pratique non violente, ou plus précisément qui tente de neutraliser la violence, nous paraît ainsi constituer une opposition plus fondamentale encore que la violence dite révolutionnaire. Sous cet angle d'ailleurs, la violence ne s'apparente pas à la révolution ni la non-violence à la réforme, c'est plutôt l'inverse qui est vrai : la violence est ce qui reste de réactionnaire, de « non humain » ou de « presque humain » dans les pratiques sociales. Son succès provient largement d'une lecture romanesque de l'histoire qui offre ses héros en modèles auxquels le peuple s'identifie : dans la révolution, le héros révolutionnaire donne sa vie pour accéder au monde meilleur comme le messie donne sa vie pour offrir le paradis. Le refus de la violence constitue une révolution autrement plus puissante, dans le sens où il permet de sortir d'un cycle ancien emprisonnant. Doutant de l'efficacité du grand soir, l'économie sociale travaille à la petite semaine. Cette expression n'est pas utilisée ici dans un sens péjoratif, il s'agit de dire que le but est aussi le chemin, esquissé pas à pas.

L'utopie « pacifiante » ne suffit toutefois pas, loin s'en faut, à définir l'économie sociale et solidaire : elle ne s'applique qu'à son projet. Articulant utopie écrite et utopie pratiquée, l'économie sociale recherche la cohérence entre le discours critique et l'action. Mais l'utopie résiste-t-elle au baptême du feu ? Peut-elle éviter le double péril de l'échec économique ou de l'échec éthique ? Henri Desroche[5] répond en des termes de sociologie religieuse : *« Son espérance est une*

(5) Henri Desroche (1914-1994), sociologue des religions et sociologue de la coopération et du développement à l'École des hautes études en sciences sociales. Fondateur des Collèges coopératifs, il est aussi concepteur d'une démarche de recherche-action en formation d'adultes.

promesse qui ne peut pas être tenue». Mais il ajoute: *«Elle n'obtient pas ce qu'elle espère et elle obtient ce qu'elle n'espérait pas»*. En effet, l'espérance est, toujours selon les termes de Desroche, le mirage qui fait démarrer la caravane. Mais n'étant qu'un mirage, elle ne peut qu'être déçue. La science qui couperait les ailes de l'espérance ne constitue pas une force pour l'action, mais, comme l'excès de clairvoyance, une raison de désespérer. L'utopie abstraite prémarxiste, en dessinant les contours d'une société alternative, constitue une force pour l'action. Excluant toute forme de coercition, elle se fonde sur le volontariat et la coopération et n'existe pas en dehors d'eux. Sous cet angle, l'économie sociale n'est pas anti-capitaliste, mais a-capitaliste. Elle ne se construit pas en opposition au capital, mais dans sa négation. C'est sa force la plus sûre que de se développer de façon indépendante de l'économie capitaliste. En lieu et place du capital, elle place au cœur de l'économie la personne humaine, finalité de l'action collective des hommes. À condition de rester fidèle à ce fondement, elle est susceptible d'obtenir dans l'action plus encore que ce qu'elle espérait dans son projet.

4. La personne comme fin

Dans la société civile et politique, la République a fait sienne le célèbre « impératif pratique » formulé par Kant : *« Agis de telle sorte que tu traites l'humanité aussi bien dans ta personne que dans la personne de tout autre, toujours en même temps comme fin, jamais uniquement comme moyen »* (Kant E., 1785). L'homme est tenu de se respecter soi-même, et les hommes, en tant que sujet de la loi morale, doivent se traiter réciproquement comme des personnes. Il faut avouer que l'idéologie libérale qui exprime les valeurs de l'économie capitaliste ne rend pas la tâche facile ! Relayée par la grande majorité des médias, elle rappelle quotidiennement sa hiérarchie de valeurs, invitant à ne considérer que l'intérêt individuel, qui consiste avant tout à avoir plus de richesses et, si possible, en en faisant le moins possible. La bourse, rendez-vous quotidien de ce qu'on appelle de façon sibylline « les informations », se veut la Place du marché du village-monde.

Mais qu'obtient-il au juste, cet individu qui met en œuvre le principe du libéralisme selon lequel autrui est défini comme instrument de son intérêt ? Aliénant autrui, ne s'aliène-t-il pas lui-même, par le simple fait qu'il partage avec autrui la même humanité ?

L'économie capitaliste ne prend pas en considération l'unité de la personne humaine, son humanité. Ce qu'elle prend en compte, ce sont ses compétences mobilisables dans un processus de production. Elle trouve les indicateurs de leur pertinence dans la formation scolaire, professionnelle et/ou universitaire et dans les expériences professionnelles de l'individu. Le curriculum vitae est le passeport d'entrée sur le marché du travail capitaliste.

Il y a une autre façon d'entrer en économie, qui consiste à s'appuyer sur la dimension sociale des personnes et sur les valeurs qu'elles partagent. Il ne s'agit pas de minimiser le cursus de formation, mais de se demander quelle est sa place : a-t-il pour fin l'épanouissement des créativités personnelles ou l'adaptation à un marché du travail ? Quel sens donne-t-on à la possession – l'avoir – d'un diplôme ? Au-delà du cursus de formation, les valeurs de la personne fondent son engagement dans la vie sociale. Vie associative, activités collectives, relations de voisinage, échanges de services : tous ces actes qui tissent la vie sociale au jour le jour sont tournés vers les besoins des gens et non vers la recherche de profit. L'économie sociale prolonge ces activités et vise un développement défini à un double niveau : développement de la personne (et non la conception étriquée de l'individu qui sous-tend l'économie classique) et développement local ou territorial (et non le progrès ou la croissance mesurés par l'accès à la consommation de masse).

En se donnant pour fin le développement de la personne, l'économie sociale rejoint les perspectives du travail social : assistants sociaux, éducateurs, animateurs, conseillers d'orientation, conseillères en économie sociale et familiale ont, chacun à travers un ensemble de pratiques spécifiques, défini des métiers et des cultures fortes autour de l'accompagnement individuel et collectif des personnes.

5. De l'économie sociale aux pratiques sociales

La réunification des deux sphères de la vie quotidienne que sont celle du travail et celle de la vie sociale et politique permet une nouvelle forme de développement parce qu'elle donne des raisons et la force de participer de façon volontaire à des actions collectives. Mais pourquoi l'action volontaire et collective n'est-elle pas plus répandue ? Peut-on la susciter, sans aliéner la responsabilité des personnes ? On s'interroge beaucoup aujourd'hui sur les ressorts de la participation des personnes à des actes solidaires, y compris lorsqu'elles en sont les premières bénéficiaires. L'éducation populaire et le métier d'animateur postulent que toute personne est riche d'un potentiel à découvrir et développer. La considération des personnes et leur écoute – celle des difficultés qu'elles rencontrent, mais aussi et surtout celle de leurs activités sociales volontaires, souvent mineures et inconnues – sont une condition essentielle de leur participation.

Cette emprise plus forte de la personne sur les activités d'éducation populaire, de militantisme, de vie associative, d'activités familiales, amicales, sociales, de quartier, de musique, de sport, d'art, de petits métiers traditionnels etc., appris souvent de façon informelle au détour de la vie, les rend, du point de vue du développement personnel, plus importantes que les activités scolaires et professionnelles habituellement considérées comme fondamentales. Ces activités volontaires constituent généralement la colonne vertébrale de la vie sociale de la personne, beaucoup plus sûrement que l'apprentissage scolaire et l'exercice professionnel. Elles permettent de déceler ce qui est important dans le parcours d'une vie, de révéler son inédit, de cerner son potentiel. Cependant, non valorisées sur le plan professionnel, ces expériences sont fréquemment déconsidérées et même oubliées, enfouies dans la mémoire personnelle. Comment permettre à une personne d'exprimer et de se réapproprier son parcours de formation et d'expériences informelles ?

Éducateurs, assistants sociaux, animateurs, conseillers d'orientation ont défini de nombreux outils visant à répondre à cette question. Nous pratiquons dans les formations du Centre d'économie sociale, travail et société (Cestes) du Conservatoire national des arts et métiers (Cnam/Paris), aussi bien pour les personnes dites en difficultés que pour des autodidactes de haut vol, un type particulier d'entretien qu'a expérimenté Henri Desroche. L'entretien autobiographique consiste à susciter la prise de parole, à écouter et noter celle-ci selon un cadre proposé, à restituer ensuite l'écrit à la personne, qui l'utilise enfin pour consigner un bref récit de vie centré sur son parcours éducatif et social. Grâce à cet entretien semi-directif, réémergent des moments de vie, des expériences fondatrices, à partir desquelles les fils conducteurs de futurs projets peuvent être dégagés.

Cette exploration dans les expériences passées change également le statut de celles-ci. La représentation qu'on a généralement de son propre parcours est celle d'une série originale d'expériences singulières. Mais les expériences personnelles du sujet sont également des expériences sociales et les sociologues nous apprennent que les séries qu'elles forment ne sont pas le fruit du hasard. En mettant à distance son propre parcours par la production d'un discours et d'un écrit, la personne entre dans un processus d'autoformation qui transforme l'expérience singulière en connaissance partageable et transmissible. L'entretien est susceptible de provoquer une socialisation, par laquelle la personne identifie ses groupes d'appartenance. En les identifiant, la personne se donne la possibilité d'agir collectivement à partir de ses expériences passées. L'entretien autobiographique est une anamnèse[6] libérant l'imagination créative.

(6) C'est-à-dire un rétablissement de la mémoire ; de mnesis, mémoire, a-mnèse : perte de la mémoire, et a (n)-a-mnèse : évocation et rétablissement de la mémoire.

Bien entendu, l'entretien autobiographique constitue un outil formalisé parmi d'autres. Nous le citons ici également comme support de description de ce qui préexiste aux mouvements de changement social : il y a, en amont de ces mouvements, formation de groupes qui cherchent à apporter des réponses à certains problèmes partagés par leurs membres. Ces groupes résultent d'un processus d'éducation sociale ou de conscientisation. Ils se forment fréquemment en relation avec des inspirateurs porteurs de pensées créatrices, à l'image, sécularisée, des anciens mouvements millénaristes annonçant qu'un autre monde est possible. De fait, il existe une continuité entre les groupements des sociétés traditionnelles et les mouvements d'économie sociale.

6. Leçons de l'histoire de l'économie sociale(7)

On a défini ci-dessus l'économie sociale comme un type particulier d'entreprises. En France comme dans les autres pays européens, on l'identifie par commodité à partir du droit : l'écono-

(7) Ce chapitre reprend en partie Draperi J.-F., « La solidarité : une histoire diversifiée, des motivations communes », *Économie et Humanisme*, n° 364, mars 2003

mie sociale est l'ensemble des entreprises coopératives, mutualistes et associatives. Plus fondamentalement, ces formes juridiques définissent des actions collectives qui suivent des règles de fonctionnement démocratique et qui ont une finalité de service à des personnes. C'est en partant de cette définition qu'il faut suivre la dynamique de l'économie sociale à travers l'histoire.

Si l'on s'en tient à la période moderne, cette histoire est d'abord européenne. En ville, les coopératives naissent fréquemment sur les bases des anciennes corporations. Mais à la différence des corporations de métiers, les associations d'économie sociale se fondent sur la participation volontaire et sur l'égalité entre les personnes. Elles s'inscrivent aussi dans l'héritage des mouvements messianiques, dont certains d'entre eux, à la fois religieux et anti-capitalistes, constituent les chaînons entre l'annonce du royaume des cieux et les utopies sociales imaginées (Charles Fourier, Robert Owen...). Ces associations donneront naissance, par ruptures, crises et développements successifs, aux mouvements mutualistes et coopératifs. Au début du XIXe siècle, l'économie sociale naît de la rencontre entre des mouvements sociaux ouvriers et des utopies sociales.

La coopération de production se développe essentiellement en France (on retient l'expérience des « Bijoutiers en Doré » autour de Buchez en 1834). La coopération de consommation connaît un essor considérable en Grande-Bretagne sur la base de la coopérative de Rochdale (près de Manchester, en 1844), puis des magasins de gros (*Wholesale Societies*). L'Allemagne est le berceau de la coopération de crédit avec en particulier les actions de Schulze Delitzsch et de Raiffeisen (1850-1860). Avant la fin du XIXe siècle, toutes les formes de coopération, y compris agricoles, de même que les sociétés de secours mutuels, se répandent sur l'ensemble du continent. L'économie sociale est alors l'expression majeure des solidarités paysannes et ouvrières. Par exemple, la grande coopérative de consommation de Paris, « La Bellevilloise », fut au début du XXe siècle, pour une cinquantaine d'années, un bastion de la solidarité ouvrière. Celle-ci concerne, outre l'activité économique, les activités sociales de la coopérative : les œuvres sociales, l'Université populaire créée en 1899, la bibliothèque riche de 5000 volumes, le patronage laïque, la colonie de vacances, le cinéma, le théâtre, les concerts, le club sportif... Ces œuvres concernent aussi la santé, puisque « La Bellevilloise » crée sa propre société de secours mutuel en 1905. Elle fonde également une caisse de prêt, une caisse de secours accordant des dons en marchandises. La solidarité s'exprime enfin par des subventions à des œuvres et des luttes extérieures, au niveau local, comme au niveau du monde ouvrier en général : soutien aux grévistes de la verrerie ouvrière d'Albi en 1920 par exemple.

Cet élan s'est poursuivi durant tout le XXe siècle, donnant naissance à des innovations d'importance mondiale : dans le secteur de la consommation en Belgique, avec le Voorhuit de Gand au début du XXe siècle, dans celui de la production avec le complexe coopératif de Mondragon dans le pays basque espagnol au milieu du siècle, ou dans le travail social, avec les coopératives sociales italiennes.

Cette économie sociale européenne s'inscrit en rupture avec les solidarités traditionnelles que les révolutions politiques et la modernisation industrielle ont très nettement affaiblies. Les initiatives coopératives, mutualistes ou associatives en Europe ont pris des formes différentes sur les autres continents, essentiellement parce qu'elles se développent en continuité avec les formes traditionnelles d'organisations : tontines ou associations villageoises en Afrique, mouvement ahimsa en Inde, communautés de base en Amérique Latine.

Dans les sociétés traditionnelles, les actions de solidarité règlent les difficultés économiques tout en assurant l'intégration sociale. L'entraide agricole traditionnelle permet d'assurer la chasse ou la récolte ; elle est également un moment d'échange intense, de repas partagés, et un don, reçu et à rendre plus tard. Les tontines africaines, qui existaient bien avant que le nom du banquier napolitain Tonti les désigne, constituent également des actions économiques et solidaires qui permettent de réguler les événements de la vie les plus divers, qu'ils soient ordinaires – achat de produits de consommation courante par exemple – ou exceptionnels : naissance, mariage, décès, installation, etc. Toutefois, ces solidarités traditionnelles s'inscrivent dans le cadre d'une société généralement inégalitaire. Ainsi les tontines sont-elles à l'origine réservées à des groupes fermés et hiérarchisés, groupes d'âge par exemple. Elles soudent ces groupes en tissant en leur sein des relations économiques qui sont également des liens sociaux fondés sur la confiance.

Les actions solidaires les plus remarquables du XXe siècle viennent de l'hémisphère sud. Bien sûr, il faut rappeler l'action que dès 1925 Mohandas Gandhi (1869-1948) développe autour de la promotion du khadi, le tissu de coton indien, qui devient l'arme contre l'industrie anglaise. Essentiellement produit dans le monde rural, il est destiné aux centres urbains, contribuant à la fois au développement rural et à l'essor de solidarités non seulement entre producteurs, mais entre producteurs et consommateurs, entre villes et campagnes. Au niveau du mode d'intervention, le principe de non-violence (ahimsa) promu par Gandhi rejoint celui du mouvement coopératif et mutualiste, seul principe transversal à toute l'économie sociale.

À partir des années 60, l'Amérique Latine a été le lieu de mouvements qui se sont cristallisés autour des communautés de base. L'Église y a joué un rôle spécifique. Suite à l'ouverture provoquée par le concile Vatican II (1962-1965), la théologie de la libération a largement inspiré l'engagement des communautés de base, en particulier dans les milieux populaires des bidonvilles.(8) Alors qu'en Europe la scission

(8) Ces communautés de base s'inscrivent dans une stratégie pastorale adoptée en 1968 par le Conseil épiscopal latino-américain (Celam) réuni à Medellín (Colombie), confirmée par la suite à Puebla en 1979.

consécutive à la condamnation par l'Église des prêtres ouvriers dans les années 1950 séparait durablement l'Église progressiste des classes défavorisées,[9] les militants chrétiens ont joué en Amérique Latine un rôle important en matière de conscientisation et de formation de leaders.

Parmi les nombreuses expériences remarquables d'actions solidaires, quelques-unes ont été popularisées récemment : Fortaleza, Porto Allegre, Villa el Salvador... Il s'agit toujours de permettre à des communautés locales de subvenir à leurs besoins fondamentaux : santé, logement, alimentation, éducation, travail. Ce qui frappe par rapport aux expériences récentes menées sur d'autres continents, c'est sans doute l'ampleur des réalisations : à Villa el Salvador, ce sont 300 000 personnes, organisées en plus de 3000 associations et 120 communautés qui constituent la communauté urbaine autogérée. La responsabilisation et la forte participation populaire, souvent introuvables dans les expériences occidentales comparables aux réalisations latino-américaines, sont également liées à la stratégie de « conscientisation » initiée par Paulo Freire (1921-1997). La satisfaction des besoins économiques apparaît moins comme la finalité

(9) À l'exception de ce qui se passa dans le monde agricole, où la Jeunesse agricole catholique (JAC) en France joua un éminent dans la formation des jeunes agriculteurs.

de l'autogestion que comme le support d'une éducation libératrice. L'action solidaire est conçue comme un mouvement éducatif avant même d'être une économie, fût-elle sociale et solidaire.

Les expériences d'économie sociale de l'hémisphère sud nous apprennent que les coopératives, les mutuelles et les associations européennes ne sont qu'une modalité parmi d'autres de l'économie sociale, liée au contexte de la révolution industrielle. L'économie sociale des continents de l'hémisphère sud se différencie essentiellement par le lien qu'elle maintient avec l'économie traditionnelle. Essentiellement rurale, elle témoigne de la place que tiennent les agriculteurs et plus largement les villageois dans les mouvements de changements sociaux. Actuellement, le mouvement coopératif le plus important à l'échelle mondiale est celui de la coopération agricole et c'est, de loin, en Inde que ces coopératives sont les plus nombreuses et le sociétariat le plus vaste.

L'histoire de l'économie sociale européenne nous apprend que ni les producteurs, ni les consommateurs ne peuvent seuls définir une alternative économique. Ils doivent travailler ensemble. Par ailleurs, l'économie sociale ne peut entreprendre seule le changement d'économie. Elle doit en particulier s'appuyer sur les entreprises personnelles – particulièrement celles des producteurs – qu'elle contribue d'ores et déjà à organiser de façon coopérative, par exemple à travers des formes d'organisation comme les coopératives d'utilisation de matériel agricole (Cuma) ou les coopératives d'artisans. Elle doit également s'appuyer sur des associations représentatives, comme les syndicats ou des organisations professionnelles.

Ces constats invitent à considérer l'économie sociale comme le moyen privilégié d'un développement durable pensé à la fois à l'échelle d'un territoire – du point de vue de l'économie de la production – et à l'échelle mondiale – du point de vue de l'économie de la distribution et de la consommation. L'économie sociale peut à la fois organiser la production à travers des coopératives de production à l'échelle des territoires, et la distribution et la consommation à travers des coopératives associant producteurs et consommateurs, fondant l'échange équitable à l'échelle interterritoriale et internationale.

Cette utopie n'est pas irréaliste. Elle a déjà émergé sous des formes diverses plus ou moins abouties et connaît actuellement un essor sans précédent. Elle nous conduit à porter notre regard sur différentes formes du développement local.

7. Des mouvements sociaux au développement durable

En opposition avec ce qu'affirmait Rostow au lendemain de la Seconde Guerre dans *Les étapes de la croissance économique* – ouvrage fondateur de la conception capitaliste de la croissance –, le développement local, l'éco-développement, le développement endogène, le développement autocentré témoignent de ce que le développement ne requiert pas la destruction des liens sociaux et de l'économie traditionnelle, mais, au contraire, peut s'appuyer sur eux. Ces expériences ont été largement vulgarisées à partir des années 60, en particulier grâce à l'essor de la sociologie du développement et à l'Unesco. Une autre théorisation de ce type de développement a émergé plus récemment sous le terme de développement durable. L'idée centrale du terme développement durable réside dans une croissance qui permette de « *répondre aux besoins du présent sans compromettre la capacité des générations futures de répondre aux leurs (...). À long terme, il convient de veiller à ce que les conditions économiques, sociales, environnementales de la croissance n'obèrent pas les capacités de développement pour les générations futures* » (Bruntland, G., 1987)

En France, avant que le développement durable ne soit en vogue, le développement local s'est bâti durant plus de trente ans sur deux fondements. D'une part, le développement local s'appuie préférentiellement sur les populations et sur les ressources locales ; d'autre part, il associe le développement économique au développement social et culturel. Après avoir connu une phase d'émergence assez longue, le développement local est aujourd'hui reconnu comme une réelle chance de développement. Après l'ouverture de l'agriculture française à la mécanisation au cours des années 50, puis l'intégration dans les politiques structurelles française et européenne à partir de 1960, les années 70 ont été marquées par les mouvements inverses mais convergents du retour au pays et de la régionalisation. Les années 80 ont consacré l'organisation des « mouvements des pays » à l'instigation d'acteurs et penseurs remarquables comme Paul Houée, et les années 90 celle de leur reconnaissance institutionnelle par l'État.

Les pays définis par l'école française de géographie au début du XXe siècle (Vidal de la Blache P., 1903) étaient traditionnellement structurés autour d'un paysage façonné par l'agriculture ; le nouveau pays se structure autour de la ville et plus précisément du bassin d'emploi. Il reste une entité définie par un espace, celui qui réunit le lieu d'habitat et le lieu de travail, espace traversé par les « navettes », ces allers-retours réalisés par ses habitants entre leur maison et leur lieu de travail dans la même journée et qui nous rappellent l'origine étymologique du « pays ». Par ailleurs, on trouve toujours dans ces nouveaux pays une spécialisation plus ou moins marquée, encore fréquemment liée au paysage et à l'agriculture. Dans de nombreuses régions agricoles, à côté de l'agriculture pensée de façon industrielle, s'est développée une agriculture pensée comme émanant d'un territoire.

Si l'on prend le seul exemple français des Appellations d'origine contrôlée (AOC), sans parler des labels et autres mentions de spécificités, le nombre de produits en AOC est passé en France de 100 à 400 au cours des 20 dernières années. Les réformes de la législation européenne ainsi que l'évolution des marchés montrent que l'Europe et les européens soutiennent ce type de produits et d'organisation de production. Les produits en AOC sont définis localement selon des normes issues des savoir-faire traditionnels en lien avec des singularités naturelles et culturelles. Ils sont donc indissolublement ancrés dans un territoire. La reconnaissance juridique de ce type d'organisation est devenue un enjeu essentiel du processus de relocalisation, ainsi qu'en témoignent par exemple les luttes récentes initiées par la Confédération paysanne en France, autour du fromage de Roquefort ou d'autres productions en AOC. Sur cette question, il faut souligner l'importance des processus de production différents de la production industrielle en série car c'est largement à partir de la caractérisation de la qualité technique que se bâtit l'économie de ces produits.

Cette relocalisation ne concerne pas que les produits du type AOC ou de label. Les activités nécessitant de la haute technologie (pour l'industrie) ou des savoir-faire spécifiques (pour l'artisanat) se concentrent aussi dans des bassins d'emploi précis, en raison d'une qualité de la main-d'œuvre et d'un environnement particuliers. Les normes qu'on appelle « patrimoniales » dans l'agriculture sont ainsi plus largement des normes de spécificité qui jouent contre la normalisation au sein même du processus de globalisation de l'économie.

Ainsi, les artisans du meuble du Queyras, haute vallée alpine du département des Hautes-Alpes, n'ont pas mis dix ans, entre 1968 et 1977, pour faire reconnaître leur art : ils se sont réunis en un syndicat des artisans d'art et meubles sculptés du Queyras et ont défini, en référence aux spécificités des anciens meubles du Queyras, un ensemble de règles caractérisant « Le meuble du Queyras » : bois massif de pays (mélèze ou pin cembro), fabrication artisanale dans le Queyras, définition des motifs sculptés, proportion des motifs sculptés dans l'ensemble de la façade du meuble, etc. Un brevet a été déposé à l'Institut national de la protection industrielle, qui protège les meubles et objets estampillés du Queyras par un tampon pyrogravé.

Du point de vue du développement local, ce type d'action permet donc le maintien d'us et coutumes ou de savoir-faire traditionnels. L'action collective des habitants actualise dans des termes juridiques et économiques ces savoir-faire traditionnels : l'établissement de normes dans le développement local consiste en une « explicitation » de pratiques traditionnelles qui respecte *« les usages loyaux et constants et le maintien de la qualité »* (de Sainte Marie, Casablanca, *in* Nicolas F., Valceschini E., 1995). Ce type de développement ne consiste donc pas à maintenir la tradition telle qu'on l'idéalise souvent à partir d'une historiographie locale. Il s'agit de trouver dans les arts, les métiers ou les techniques traditionnelles, les fondements d'une économie intégrée dans la société moderne. Ainsi, le champagne n'est pas un produit traditionnel, mais les Champenois ont su trouver dans la viticulture traditionnelle de Champagne les cépages, les tailles, l'alliage des crus, le mode de vinification, etc., qui ont permis de définir un produit unique et internationalement reconnu. Comme on peut l'observer, le développement local s'appuie ici non seulement sur une activité économique locale, mais sur une définition locale des règles de la production. C'est en Champagne et par des Champenois que sont décidées les normes du produit : le cépage, la taille de la vigne, la zone en appellation, les droits de plantation, etc. Cette régulation locale s'appuie sur les spécificités locales, naturelles et tout autant culturelles pour sélectionner les critères fondamentaux de la qualité. La localisation est donc incontournable, et peut, dans certains cas, nommer le produit lui-même, définissant une identité entre produit et pays : « Il n'est champagne que de Champagne ».

On voit l'enjeu de l'essor de telles initiatives : c'est la possibilité pour des populations de générer des activités dans leur territoire, non pas à partir de l'installation d'une activité « quelconque » liée à la volonté d'un investisseur ou à la relocalisation d'une activité en provenance d'un autre pays, mais à partir d'une mise en valeur des ressources originales de ce territoire. Ainsi, complémentairement ou, selon les cas, en opposition avec les normes de l'International Standard Organization (ISO) qui rendent techniquement possible les délocalisations des activités, la définition de nouveaux produits peut aussi se fonder sur les spécificités humaines et naturelles des territoires.

Par les valeurs qui les fondent, par les principes qui les guident, par les statuts qu'elles respectent, les coopératives apparaissent comme un moyen incontournable de la mise en œuvre du développement local.

8. Les coopératives, outils du développement local

Les membres d'une coopérative sont liés à l'entreprise par une double relation de sociétariat et d'activité, alors que dans l'entreprise capitaliste il y a une disjonction entre ces deux fonctions qui renvoient à deux catégories de membres, les propriétaires du capital et les salariés. La double qualité traduit ainsi juridiquement le fait que la coopérative, et plus largement l'entreprise d'économie sociale, est un groupement de personnes ayant une activité économique. Ce fondement relie directement l'organisation coopérative au territoire, puisque ce sont ses habitants qui possèdent l'entreprise. Solidaires, les coopérateurs mettent en réserve une partie de l'excédent de gestion (nommé bénéfice dans l'entreprise classique). Cette réserve est obligatoire, collective et inaliénable, alors que dans la société anonyme, rien n'empêche les porteurs de parts du capital de partager quasi intégralement le bénéfice. Elle ne peut être délocalisée, même en cas de disparition de la coopérative. Les coopérateurs ne peuvent ni la partager, ni la vendre. Elle ne peut, en cas de disparition, revenir qu'à une autre coopérative locale, ou à défaut, à la fédération coopérative.

Dans les coopératives de consommation, le solde de l'excédent de gestion, une fois prélevées les parts collectives (réserves ou investissement, fonds social, etc.), est redistribué au prorata de l'activité de chaque associé, et non au regard du nombre de parts détenues au capital.

Servant par nature le développement local, la majorité des entreprises d'économie sociale françaises se préoccupaient cependant assez peu du développement durable jusqu'à une date très récente. Les entreprises d'économie sociale sont aujourd'hui de plus en plus nombreuses à se lancer dans une évaluation élargie de leur activité. Elles retrouvent d'ailleurs ici leurs principes fondateurs : l'obtention de produits de qualité fait partie des finalités des coopératives agricoles et la mesure de la qualité inclut fréquemment des paramètres environnementaux.

Le risque de banalisation auquel sont exposées

des entreprises d'économie sociale depuis un demi-siècle rend nécessaire une nouvelle réflexion et la définition de nouvelles pratiques. Ceci concerne en particulier de nombreuses grandes entreprises dont l'organisation s'est complexifiée et l'identité s'est parfois étiolée. C'est à ces préoccupations que répond l'outil d'évaluation élaboré par le Centre des jeunes dirigeants et acteurs d'économie sociale (CJDES) il y a une dizaine d'années, le bilan sociétal, qui comprend des questions regroupées en trois ensembles : économique, social et environnemental. Des mutuelles d'assurance, des coopératives de travail, de grandes coopératives agricoles se sont saisis de cet outil de façons multiples : tantôt à l'initiative des cadres dirigeants salariés, tantôt à l'initiative du conseil d'administration ; parfois mis en œuvre comme un outil de management, qui permet de réactiver la vie démocratique, parfois outil d'aide à la décision stratégique. Cette attention n'est certes pas spécifique aux entreprises d'économie sociale, mais là encore, la double qualité de leurs membres est un atout décisif évitant les conflits d'intérêt entre porteurs de parts du capital et bénéficiaires de l'activité. Elle est à l'origine d'une forme de gouvernance tout à fait originale.

L'attention au développement local se traduit aussi par des innovations juridiques. En 2002, une nouvelle forme de coopérative est née en France. La Société coopérative d'intérêt collectif (SCIC) est une coopérative de production permettant l'adhésion de plusieurs catégories de sociétaires (Margado, A., 2005). Les salariés et les usagers sont les deux catégories de sociétaires obligatoires. Peut s'y adjoindre toute autre catégorie : personnes physiques, associations, entreprises, collectivités locales ou territoriales... Cette forme de coopérative est particulièrement intéressante dans une perspective de développement local, puisque, permettant le multi-sociétariat, elle peut inclure dans son assemblée générale et dans son conseil d'administration différents partenaires locaux du développement, se donnant ainsi les moyens de dépasser les intérêts particuliers ou corporatistes qui sont susceptibles de menacer les coopératives classiques uni-sociétaires. Les SCIC sont également un outil d'avenir pour organiser les relations entre producteurs et consommateurs.

En outre, la dénomination « intérêt collectif » attribuée par le préfet reconnaît que la coopérative sert l'intérêt général de la population de l'espace sur lequel elle intervient et permet à cette coopérative de bénéficier de l'aide publique, tout en ayant un objet commercial.

Une coopérative est donc un groupement de personnes physiques ou morales permettant à celles-ci de développer leurs activités propres préexistantes et/ou l'exercice d'une activité naissante en commun. Elle donne à toute catégorie de population la possibilité de participer à l'économie et de créer du travail. Des agriculteurs, artisans, transporteurs, commerçants, consommateurs, pêcheurs, des salariés ou des professions libérales, etc. peuvent créer des coopératives en relation avec leurs besoins.

9. Les coopératives, prolongement des entreprises personnelles

Si les petites entreprises agricoles ou artisanales constituent fréquemment le fondement même du développement local, elles sont généralement fragiles, en particulier au moment de la transmission de l'entreprise : non seulement il faut trouver l'enfant ou le voisin intéressé pour reprendre, mais il faut encore que l'outil de production soit « reprenable ». Or, l'imbrication étroite entre l'activité privée et l'activité professionnelle fait que les bâtiments de l'entreprise sont souvent indistincts de l'habitat : comment revendre un atelier qui se trouve au rez-de-chaussée de la maison d'habitation, ou les bâtiments d'exploitation agricole accolés à la maison ? Souvent, seul le déménagement rend possible la transmission. Mais on n'est pas toujours prêt à se séparer de sa propre maison.

Autre problème, celui de la mise aux normes. Combien d'entreprises artisanales ou agricoles qui continuent de fonctionner, mais qui ne peuvent être transmises parce que l'acte de vente occasionnera une nécessaire mais difficile ou impossible mise aux normes ? Telle écurie que les services vétérinaires interdiront parce qu'elle n'est pas assez éloignée des maisons d'habitation, tel atelier dont tout le bâti serait à revoir, telles machines qu'il faudra adapter ou renouveler, etc.

On observe que la transmission des coopératives ne soulève pas les mêmes difficultés : elles appartiennent à un collectif et sont donc distinctes des biens privés ; elles sont plus sévèrement contrôlées, donc plus respectueuses des normes. Aussi et surtout, elles ne nécessitent pas l'apport d'un investissement lourd au départ, puisque les réserves impartageables constituées par les générations précédentes sont « offertes » aux nouveaux membres. Dans la coopérative de production, le coopérateur qui part à la retraite reprend sa part de capital, peu valorisée, touche sa retraite comme tout salarié, mais ne bénéficie pas des immobilisations auxquelles son travail a contribué. Ces immobilisations bénéficient aux jeunes qui, lorsqu'ils entrent dans la coopérative, n'ont pas à racheter une part de l'actif de l'entreprise : ils acquièrent seulement leur part de coopérateur, qui leur sera rendue à leur sortie. Et ils contribuent comme leurs aînés à enrichir le bien commun en incorporant une part de leur travail dans les réserves.

La coopérative partage ainsi avec la petite entreprise personnelle la finalité de servir les besoins économiques et sociaux des personnes, mais elle s'en distingue parce qu'elle sert l'intérêt collectif et non l'intérêt individuel ; la coopérative partage avec l'entreprise capitaliste une organisation distincte de l'économie familiale, qui facilite la transmission, mais elle se distingue de l'entreprise capitaliste en ce qu'elle transmet aux jeunes une part de la richesse créée et accumulée assurant ainsi une solidarité intergénérationnelle. En facilitant la transmission des actifs et en prélevant sur la richesse produite une réserve disponible pour les générations futures, les coopératives établissent un lien entre l'action locale individuelle et le développement durable.

10. Économie sociale et emploi

Les coopératives et les associations sont également un vecteur original de création d'emplois permettant d'éviter l'exode rural dans des régions difficiles. Elles permettent de pérenniser des emplois fragiles ou des activités dont l'économie est insuffisante pour garantir les revenus d'une personne ou d'une famille. Elles favorisent ainsi la pluri-activité. Dans la vallée du Queyras, les hommes avaient l'habitude, avant l'avènement du tourisme, de quitter la vallée pendant l'hiver, long et rigoureux, et d'aller vendre leurs bras à Marseille. En 1920, un pasteur entreprit de leur donner les moyens de rester en montagne. Que faire l'hiver, sinon travailler le bois, comme chacun le faisait déjà peu ou prou pour fabriquer ses meubles ? Il crée une coopérative de fabrication de jouets en bois, pour l'essentiel de petits sujets alpins, découpés et peints. Ces activités, surtout la peinture, peuvent se faire à domicile et la production peut être faite au cours de l'hiver, puis entreposée, et vendue à la belle saison. Plus tard, les coopérateurs ont construit eux-mêmes un atelier commun et un magasin de vente, alors que des « peinteuses » continuent de travailler chez elles. La possibilité de stocker a toujours permis de travailler en respectant le rythme des travaux saisonniers, ce qui fait dire à l'administrateur-gérant actuel que la coopérative a de tout temps pratiqué l'annualisation du temps de travail, mais sur d'autres bases que celles qui prévalent aujourd'hui. Au quotidien, si le code du travail est bien entendu la base du contrat et si l'organisation du travail doit comme ailleurs optimiser l'implication de chacun, les relations entre le travail et le temps hors-travail sont différentes de ce qu'elles sont dans l'entreprise classique. Cette coopérative de production, « L'Alpin chez lui », a aujourd'hui une douzaine d'associés-salariés et vend plus de 90 % de sa production sur place, contribuant ainsi à fortifier les rentrées économiques dans la vallée.

Cette coopérative est également elle-même

membre d'une coopérative d'artisans, où elle côtoie une vingtaine d'autres entreprises artisanales, non coopératives. La coopérative d'artisans commercialise les productions de ses membres dans « une maison de l'artisanat », qui est le plus important outil de promotion et de vente des produits des artisans de la vallée. Pour certains, parmi les plus petits qui sont en général pluri-actifs, elle réalise 80 à 90 % des ventes, ce qui signifie que sans la coopérative, ces artisans ne pourraient poursuivre leur activité.

Ces coopératives, sous la forme de coopérative de travail et sous la forme de coopérative de commercialisation, permettent à des habitants de réaliser une activité qui sans elles ne pourrait se maintenir. Elles contribuent ainsi à maintenir une population dans un pays rural enclavé.

D'autres coopératives jouent des rôles comparables dans les villes. Au niveau de la consommation, d'importants mouvements sociaux d'origine urbaine sont en émergence (comme celui de la consom'action), essentiellement sous forme associative, mouvement qu'a préfiguré la coopérative de consommateurs « Les Nouveaux Robinson » (Montreuil), créée il y a une quinzaine d'années : ne proposant que des produits biologiques (de l'alimentaire aux vêtements, les loisirs, la santé ou l'ameublement) dans six magasins, la coopérative s'approvisionne préférentiellement auprès des coopératives de production et pratique le commerce équitable. Elle emploie 120 personnes dont 10 % en difficulté d'insertion et met en œuvre un management original avec des écarts de salaires très réduits.

Enfin, une forme nouvelle de coopération, les coopératives d'activités et d'emploi, qui se situe à mi-chemin entre la coopérative de production et la coopérative d'artisans, a vu le jour récemment en France. Ces coopératives se sont donné pour mission d'accueillir et d'accompagner des projets de création d'entreprises dans un esprit coopératif. Ainsi que le précise la charte de leur réseau, les coopératives d'activités et d'emploi se positionnent comme des maillons économiques et évitent la concurrence avec les structures existantes. Elles attribuent une grande place à la formation et à l'autonomie de la personne, en aidant le créateur à réaliser son activité, et en prenant en charge l'hébergement juridique, gestionnaire et comptable ; la personne est salariée et touche un salaire à la hauteur de son activité. Par exemple, « Élan créateur » (Rennes) compte entre

75 et 80 entrepreneurs accompagnés simultanément (soit plus de 120 au total sur l'année) dont cinquante sont entrepreneurs salariés. À la fin 2004, les coopératives d'activité ont créé près de 1 400 emplois, dont 52% détenus par des femmes, en France et en Belgique et généré un chiffre d'affaire de 12 millions d'euros.

Aujourd'hui au nombre d'une quarantaine, ces coopératives se sont fédérées au sein d'une Union d'économie sociale (UES), « Coopérer pour entreprendre », membre de la Confédération générale des sociétés coopératives de production (CGScop).

11. De la théorie à la pratique… et réciproquement

Ces expériences témoignent de l'intérêt que représente l'entreprise d'économie sociale pour promouvoir le développement. Elles nous éclairent également sur les principes qui peuvent guider nos pratiques de changement, ainsi qu'en témoigne l'aventure d'Ardelaine.

Ardelaine est une coopérative de production d'une trentaine d'associés qui travaillent la laine dans le Centre-Ardèche. Fondée au début des années 70, Ardelaine a reconstitué la filière de la laine de la moyenne montagne ardéchoise, filière totalement à l'abandon lorsque l'entreprise démarra. Elle s'approvisionne aujourd'hui auprès de 150 éleveurs, payant la laine deux à trois fois le prix du marché, en l'échange d'une qualité négociée. En 1986, elle crée, dans une zone d'habitat dense de Valence, un atelier afin d'aider à l'insertion des femmes originaires du Maghreb. Elle développe des activités militantes (par exemple autour des jardins) dans ce quartier sur différents fronts de l'insertion sociale et professionnelle. Dans le sud de l'Ardèche, les associés ressuscitent un hameau à l'abandon inaccessible en voiture, y forment des jeunes, créent un gîte rural, une exploitation agricole, un conservatoire d'arbres fruitiers rares, etc. Ils ouvrent ensuite près de la filature de laine dans le Centre-Ardèche un premier musée en 1989, un second en 2002 et projettent actuellement d'ouvrir un restaurant (Barras, B., 2003). Entretemps, ils ont fondé avec quelques autres coopératives s'inscrivant également dans une logique de développement local un réseau d'entreprises, le Réseau d'échanges de pratiques alternatives et solidaires (REPAS) qui conçoit et met en œuvre une formation professionnelle originale et anime une maison d'édition.

Les leçons que l'on peut tirer de cette expérience remarquable sont nombreuses. J'en souligne cinq essentielles,[10] qui me semblent préciser les contours de possibles développements alternatifs.

1. On évoque généralement le manque de capital lorsqu'on entreprend localement, en particulier dans des zones pauvres ou désertifiées. L'exemple d'Ardelaine dément que le capital soit le principal obstacle à la création d'entreprises coopératives. Ses fondateurs n'avaient aucune fortune, ni même aucune ressource à l'origine de leur projet. Sans ressources initiales, les associés ont commencé par épargner, donc par constituer une coopérative de consommation informelle, développer le « co-usage », selon le terme de Gérard Barras. Plutôt qu'un capital, l'essentiel résiderait dans la capacité à concevoir un projet, l'aptitude à apprendre et… du courage, beaucoup de courage. Un courage que les nombreuses difficultés – dont les difficultés financières –

(10) Ce passage reprend partiellement la préface de l'ouvrage de Barras B., *Moutons rebelles. Ardelaine, la fibre développement local,* éd. REPAS, Saint-Pierreville 2003

n'ont pas réduit. Ce qui n'est pas sans rappeler la thèse célèbre de Max Weber selon lequel la création de l'entreprise ne provient pas en premier lieu *« d'un afflux d'argent frais (...) mais d'un esprit nouveau »* (Weber, M., 1905). Sans nécessairement souscrire à l'ensemble de cette thèse, on observe que la création coopérative comme la mise en route d'un processus de développement ne peuvent exister sans une volonté et une capacité à concevoir un projet.

2. Le pays, défini comme l'espace où les gens habitent et travaillent, est une bonne échelle pour la conception et l'animation d'une coopérative de développement local. Traditionnellement, le pays est l'espace qu'on peut parcourir à pied en une journée, donc l'espace où l'on se connaît directement ; cette conception reste valide : l'entreprise de développement local s'appuie et valorise en même temps l'identité locale, en réunissant des personnes partageant un paysage et un espace commun et pouvant se reconnaître dans une production spécifique : la laine en Ardèche, le vin en Champagne ou le travail du bois en Queyras...

3. La coopération et le développement local s'inscrivent dans la durée. Lorsqu'elle définit un produit à partir de normes de spécificité, ou lorsqu'elle met en œuvre la solidarité intergénérationnelle par le biais des réserves impartageables, la coopérative met en œuvre un processus long. On peut estimer qu'il ne faut pas moins de 10 ans, et plus souvent 20 ou 30 ans, pour concevoir techniquement une production, la faire reconnaître juridiquement et assurer sa réussite économique.

4. La finalité de la coopérative de développement local n'est pas la croissance du chiffre d'affaires, ni même la création d'emplois en tant que telle, mais le service à la population pour son développement. C'est la capacité des coopératives à répondre aux attentes de cette population qui explique leur dynamisme. À l'inverse, c'est quand elles perdent de vue cette finalité que les coopératives se banalisent et/ou périclitent.

5. Quelle que soit l'activité visée, l'association des personnes fonde la coopérative et l'entreprise d'économie sociale : cette association peut rester très souple dans son fonctionnement, même

lorsque son activité se développe ; elle possède des qualités que n'a pas la société de capitaux : sa proximité du terrain lui permet de répondre aux besoins de la population de façon plus précise ; sa souplesse facilite son adaptation ; la même association, le même collectif de personnes peut être à l'origine de différentes entreprises de forme associative, mutualiste ou coopérative, créées pour des besoins spécifiques, dans des lieux et des temporalités ajustés.

12. Pratique non violente, finalité éducative, agir et penser

Trois traits de l'économie sociale ressortent de cet essai : cette économie fonde sa démarche de changement sur le principe de la non-violence, elle a une finalité éducative et elle se développe en alternant action et pensée sur l'action.

1. **Action non violente.** Au-delà de la grande figure de la non-violence qu'est Gandhi, on s'épuiserait à citer les propos relatifs à la non-violence ou à la paix des fondateurs de la coopération comme celui, entre mille autres,

de Benoît Malon : *« Nous préparons la voie pacifique de notre émancipation »* (Malon, B., 1866). Mais cette unité autour de la paix ne peut trouver meilleure preuve que dans la participation à *« L'Association »*, le premier bulletin international des coopératives françaises, créé en 1864. Les membres proviennent de familles de pensée les plus diverses : cabétistes, industriels libéraux, hommes élus à la législative siégeant à l'extrême gauche, bucheziens, proudhoniens, fouriéristes, saint-simoniens, disciples de Schulze-Delitzsch, de Pierre Leroux… La revue témoigne de l'indécision théorique et doctrinaire des coopérateurs, sauf sur un point, qui retient l'accord le plus profond et le plus large, celui de la paix : *« Les collaborateurs de L'Association sont pacifistes »*.

2. L'économie sociale a une finalité éducative : elle place la personne humaine au centre de l'économie, ce qui signifie que l'acteur d'économie sociale bénéficie de la « double qualité » d'acteur et de sociétaire : acteur, il participe et bénéficie de l'activité de l'entreprise, sociétaire, il partage le pouvoir de façon démocratique avec les autres acteurs. Ceci n'est sans doute pas repérable dans la majorité des grandes entreprises d'économie sociale. Néanmoins, au-delà de leurs statuts juridiques qui reconnaissent la double qualité et donc permettent son exercice, la majorité d'entre elles se posent la question de la participation de leurs membres. Le premier droit et le premier devoir des membres est de participer à l'assemblée générale. Certaines de ces entreprises – de nombreuses mutuelles, des grandes coopératives, des fédérations associatives – s'émeuvent de la faible participation des membres et cherchent à les remobiliser. Dans cette démarche, la conscience que la finalité de l'entreprise est le développement des personnes est sans aucun doute le meilleur outil de la participation. En témoignent « les méthodes » que nous ont laissées les grands théoriciens de l'action solidaire : il s'agit de libérer l'homme, de provoquer sa conscientisation, de le doter d'un entraînement mental, bref, de lui permettre d'agir sur le monde et sur lui-même.

3. Agir et penser. L'économie sociale articule un mouvement social et une pensée. En Afrique, comme en Amérique Latine, en Inde et en Europe, l'économie sociale résulte d'une rencontre entre un mouvement social et des idées qui le traversent et qu'il s'approprie : Fourier, Owen, Gandhi, Dia, Freire, Dom Helder Camara…, autant de penseurs mais aussi acteurs engagés qui ont accompagné des mouvements de pauvres ou d'exploités. Plus fondamentalement, l'économie sociale invite chaque acteur social à devenir chercheur (et réciproquement) selon un modèle de recherche-action original qui suppose, une fois encore, une certaine forme de courage : celui de l'acteur social qui cède au doute, questionne le sens de son action et prend la plume ; celui du penseur qui, mesurant l'écart entre ses théories et son mode de vie, participe au changement social autrement que par les mots. Ce courage fonde la liberté et l'unité de la personne moderne.

Les « spécialistes » de l'économie sociale sont en effet à la fois théoriciens et acteurs. Soit chercheur, comme l'était Charles Gide, soit acteur, comme l'était Jean-Baptiste André Godin. Mais respectivement chercheur engagé dans plusieurs dizaines d'associations et de coopératives et acteur ayant écrit une remarquable œuvre socio-économique. Reliant la sphère du travail à l'engagement volontaire, l'économie sociale oppose, depuis ses origines, une réponse constructive à l'une des plus profondes divisions du travail, celle entre travail manuel et travail intellectuel.

Bibliographie

- Archambault, E., *Le secteur sans but lucratif,* Economica, 1996.
- Barras, B., *Moutons rebelles. Ardelaine, la fibre développement local,* éd. Repas, 2003.
- Bloch-Lainé, F., « Les spécificités méritoires des associations », *Recma,* n° 251, 1991.
- Borzaga, C., Defourny, J., Adam, S., *The emergence of the social enterprise,* Routlege, London, 2001.
- Boyer, R., Saillard, Y., *Théorie de la régulation. L'état des savoirs,* La découverte, 1995.
- Braudel, F., *La dynamique du capitalisme,* Flammarion, 1988.
- Bruntland, G., *Our Common Future : The World Commision on Environnement and Development,* Oxford University Press, 1987.
- Bureau international du Travail, *Des valeurs à défendre, des changements à entreprendre,* Genève, 1984.
- Chaves, R., Monzon, J.-L., Sajardo, A., *La investigaçion universitaria en économia social en Espana,* Iudescoop, Valencia, 2004.
- Chomel, A., « Note pour l'histoire de la Recma (1921-1994) », *Recma,* n° 268, 1998.

• Defourny, J., Develtere, P., Fonteneau, B., *L'économie sociale au nord et au sud,* De Boeck, 1999.
• Demoustier, D., *L'économie sociale et solidaire,* Syros, 2001.
• Desroche, H., *Sociologie de l'espérance,* Calman Levy, 1973.
• Desroche, H., *Entreprendre d'apprendre,* éd. ouvrières, 1990.
• Detilleux, J.-C., « La société coopérative européenne, une nouvelle dimension pour les coopératives », *Recma,* n° 291, 2004.
• Draperi, J.-F., Jan, L., *Émergence de l'entreprise sociale en France,* Fondation Crédit Coopératif, 2003.
• Fauquet, G., *« Le secteur coopératif »*, AISCD, 1965 [1re éd. 1935].
• Freire, P., *Pédagogie des opprimés,* Maspero, 1969.
• Gaumont, J., *Histoire générale de la coopération en France,* FNCC, 1923.
• Gentil, D., *Les pratiques coopératives en milieu rural africain,* L'Harmattan, 1984
• Gide, C., *Cours au Collège de France,* 1924.
• Habermas, J., *La technique et la science comme idéologie,* trad. Ladmiral, J.-R., Denoël Gonthier, 1978 [1re éd. 1968].

- Hervieu, B., Léger, D., *Le retour à la nature,* Seuil, 1979.
- Kant, E., *Fondements de la métaphysique des mœurs,* trad. Delbos, V., revu par Philonenko, A., Vrin, 1980 [1re éd. 1785].
- Karafolas, S., Spear, R., Stryjan, Y., *Local Society and Global Economy,* Hellin, Athènes, 2004.
- Lewin, M., « L'action de l'OIT pour la promotion des coopératives », *Recma,* n° 289, 2003.
- Malon, B., *Manifeste de la coopération,* 1866.
- Margado, A., « Les SCIC, une coopérative encore en devenir », *Recma,* n° 295, 2005.
- Mauss, M., *Écrits politiques,* textes collectés et présentés par M. Fournier, Fayard, 1998.
- Nicolas, F., Valceschini, E., *Agro-alimentaire : une économie de la qualité,* Economica, 1995.
- Parodi, M., « La riche nature ou la double ambivalence des associations », *Recma,* n° 260, 1996.
- Reynaud, J.-D., *Les règles du jeu,* A.Colin, 1993.
- La Revue Durable, « Le lent éveil du mouvement coopératif à l'écologie », *La Revue Durable,* n° 10, Fribourg, 2004.

- Salani, M.-P., *La responsabilità sociale cooperativa,* Il Ponte Editore, 2004.
- Sen, A., *Ethique et économie,* PUF, 1993 [1re éd. 1987].
- Touzard, J.-M., Draperi, J.-F., *Les coopératives entre territoires et mondialisation,* L'Harmattan - Institut de l'Economie Sociale, 2003.
- Vidal de la Blache, P., *Tableau de la géographie de la France,* La table ronde, 1994 [1re éd.1903].
- Vienney, C., *L'économie sociale,* La découverte, 1994.
- Weber, M., *L'éthique protestante et l'esprit du capitalisme,* Plon, 1964 [1re éd. 1905].

Table

Achevé d'imprimer par :
Imprimerie Vasti-Dumas - 42000 Saint-Etienne
N° d'imprimeur : V004870/00
Dépôt légal : mars 2009

Imprimé en France